失敗したって
いいじゃない

Hodo Hodo Ikuji

#ほどほど育児

木下ゆーき
Kinoshita Yuki

飛鳥新社

はじめに

みなさんこんにちは、木下ゆーきです。

子どもたちを寝かしつけたあとにこの本を書いています。

一緒に寝落ちしてしまいたい気持ちをグッと堪《こら》え、布団から抜け出してきた僕を、どうか心のなかでほめたたえながら読んでいただけたら嬉しいです。


僕には2人の子どもがいます。お兄ちゃんと妹です。

お兄ちゃんは、僕が23歳のときに産まれました。兄妹の歳の差は6つ、2人の母親は別人です。上の子が2歳になって間もない頃に前妻と別居し、その後離婚しています。上の子が5歳のときにいまの奥さんと再婚し、下の子が産まれました。元シングルファーザーです。

下の子が産まれたあとにＳＮＳに投稿したおむつ替え動画が話題となり、一躍有名になりました（平気で自分で言っちゃうタイプ）。

すでにご覧になられた方もいらっしゃるかもしれませんが、アパレル店員になりきってみたり、警察官の職務質問の様子をマネしながらおむつを替えていたら、一躍人気者になりました（平気で何度も言っちゃうタイプ）。

なぜ僕がこんなことをしているのかというと、子育ての大変さを知っているからです。

息子がまだ幼かった頃、夜泣きし続ける息子を抱き、真っ暗な部屋のなかを2時間歩き続けた夜のこと。

息子をなんとか寝かしつけたあとに真っ暗な寝室で開いたＳＮＳには、まだ子どももいなければ結婚もしていない友人たちの写真が、キラキラと輝いていました。

ビールジョッキを片手に肩を組み、それはそれは楽しそうに映る友人を見て、なんとも言えない孤独感に苛《さいな》まれました。


もしかしたら、この本を手に取ってくださった方のなかにも、いま「子育てつらい、しんどい」と思って悩んでいる方がいるかもしれません。

子育てに疲弊したパパやママが夜中にそっとＳＮＳを開いたときに「フッ」と笑って心の負担が少しでも軽くなることを願って、あの頃の僕のように、真っ暗な部屋で孤独を感じているパパやママが少しでも減ることを願って、笑いを交えた子育て情報の発信を続けています。


そんな活動を細々と続けていたら、本を出版することになりました。

僕は育児に関して何かしらの資格を持っているわけでもなく、専門的な知識を持っているわけでもありません。子育てをひとりで完璧にこなしてきたわけでもありません。

そんな僕が独自の感性で書く本なので、肩の力を抜いて、楽しんで読んでください。


この本では、パパが働いてママが家にいる家庭を想定して話をしている部分もありますが、決してそれがすべてというわけではありません。かつての僕のようにシングルファーザーの方が読んでくださっているかもしれないし、共働きのパパママもいると思います。いろんな形があっていいと思うし、この本を読んでどこかで共感していただけたらと思います。

そしてもし〝なんとなく活用できそうな箇所があったら〟、参考にしていただければ嬉しいです。

Contents

はじめに 2

Part 1 完璧な子育て、しているように見えるだけ

かわいければ乗り切れる？ 12
ストレスのない子育てなんてない 16
子どもの「〇〇期」にご注意を 19
全・木下ゆーきに聞いた！「子育てでイラッとした瞬間は？」 22
子どもの成長はソフトウェアアップデート 27

Part 2 ママ'sミッション、インポッシブル？

ママの一日を書き出してみたら 32
Mission1 子どもが熱を出した 36
Mission2 子どもを連れて買いものに行く 40
Mission3 子どもとご飯を食べる 42
Mission4 子どもの保育園を決める 45
Mission5 保育園や幼稚園のイベントをこなす 48
育児「休暇（バケーション）」？ 51

Part 3 パパトーーク！

パパ会を発足します 56
パパの自覚と、ママの自覚 60
子育てプロジェクトの〝ヤバイ同僚〟にならないで 65

パパの〝地獄の一日〟はママにとっても〝地獄の一日〟 68
パパの背中はどう映る？ 72
感謝すること、めんどくさいことをやること 77

Part 4 木下家の子育てはこんなふうに考える

子どもの気持ちが知りたいなら、「なりきる」ことが一番 84
なりきり育児の極意　その1 89
なりきり育児の極意　その2 91
「否定しない」で「楽しい」を膨らます 94
「わからなくてあたりまえ」と開き直る 99
木下家の子育て3大ルール 102

Part 5 子育てお悩みQ&A

Q1 〝怒る〟と〝叱る〟の使い分けができません。 108
Q2 まだ喋れない子どもとどんな会話をしたらいいですか？ 110
Q3 ごっこ遊びに付き合うのがつらいです。 112
Q4 もっとほめてあげなきゃいけないとわかっているのに、ほめてあげられません。 114
Q5 下の子ばかりに目がいき、上の子にかまってあげられていません。 116
Q6 「ダメ！」ということをやります。 118
Q7 旦那に対して、嫌味にならない「子育て参加して」の言い方が知りたいです。 120
Q8 いちいち言わないとやってくれません。 122
Q9 つい周りの子と比べてしまいます。 124
Q10 育児本に書いてあるような育児ができません。 126
Q11 SNSのキラキラしたママたちの様子を見て落ち込みます。 128

さいごに

いま、子育てに悩んでいるママへ

母親失格？ 132
悩んでいる時点ですでに〝いいママ〟 135
さいごに、パパへ 139
あとがき 142
おまけ　赤ちゃんインタビュー 146

PART 1

完璧な子育て、しているように見えるだけ

SNSで
募集した

子育てあるある01
出かける直前に
「ママ〜、うんち〜」

かわいければ乗り切れる？

僕のＳＮＳには、よくこんなメッセージが送られてきます。

「わたしも木下さんのように心に余裕を持っていつも笑って子育てをしたいです」

あれ？　もしかして僕を菩薩《ぼさつ》さまか何かだと勘違いしていらっしゃる？

そう見えているのならありがたいことですが、いえいえ、僕もみなさんと同じように日々の子育てにストレスを感じることもあれば、子どもに対してイライラしてしまうこともしょっちゅうです。

子どもの人数分だけ日々のタスクは増えていきます。

歯磨きの回数も増えるし、着替えの回数も増えます。

やることが増えればそれだけ自分への負荷も増し、ストレスも増します。


ちょっと待って、子育て地獄すぎない???


……すみません、いきなり本音が出てしまいました。

つまり何が言いたいかというと、僕もこの本を読んでいるみなさんと同じだということです。

同じようにストレスを感じ、同じようにイライラしています。

夜中に夜泣きで起こされて、バチクソ眠たいなかミルクを作って、暗い部屋であぐらをかいて、「減ってなくね?」というペースでミルクを飲み進める子どもを無表情中の無表情で眺めていたあの頃。

子どもの夜泣き、僕にとってはストレスでしかなかったです。


ほら、ＳＮＳでたまに書いている人いますよね？

「夜泣き激しくて寝かしつけるの大変だったけど、この寝顔を見たらかわいすぎて大変さ忘れる〜！」

みたいな。

この人のほうが圧倒的に菩薩さま向きだろう。

やっとの思いで寝かしつけたあとの子どもの寝顔、たしかにかわいいです。

めちゃくちゃかわいいです。

でも、大変さまで忘れてしまえるほど、寛大《かんだい》な心を僕は持ち合わせていなかった。

だから、かわいい寝顔を見ながら、

「頼む、次は4時間寝てくれ……」

と祈る日々を送っていました。

そして、2時間半後には起こされていました。

好きな歌を起床アラームに設定していたら、数週間後にその歌がきらいになっていた経験、ありませんか？
それに似た感じかもしれない。かわいいわが子の声でも、数時間おきに起こされていたらうんざりもします。
加えてこちらの〝夜泣きアラーム〟は、止めたくても止められないときがあるという点でより強力です。

子育てあるある02
抱っこして
いないのに
ゆらゆら揺れちゃう

ストレスのない子育てなんてない

子どもが成長するにつれて子育てが楽になるのかと思ったら、とんでもない間違いでした。

僕が子育てで一番イライラしたのは、息子が3歳から4歳の頃に迎えた《イヤイヤ期》。息子は天邪鬼《あまのじゃく》タイプのイヤイヤっ子で、僕が何か言うと、常にその逆のことをしてきました。

たとえば、ご飯をたべるとき。

ご飯を作り、

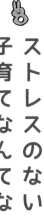

「食べて？」

と言うと、

「食べない」

と返ってきます。

「そうか、じゃあ食べなくていいよ？」

とお皿をさげると、

「食べる」

と言うのです。最初から素直に食べてくれればいいのに……と思いながら
「はい、どうぞ」

と再びお皿を置くと、

「食べない」。

この繰り返しです。エンドレスリピートです。

さすがに頭にきた僕は「じゃあもう食べなくていい！」と大声を張り上げ

ながらお皿をさげてしまったことがありました。その大声に驚いた息子は、

「食べるぅぅ」

と号泣。息子に対して申し訳ない気持ちでいっぱいになり、

「怒ってごめんね、食べていいよ」

と、大きな声で叱ってしまった自分を惨《みじ》めに思いながらお皿をテーブルに戻したのをいまでもはっきりと覚えています。ようやく気持ちが伝わったかと思いきや、息子は泣きながら
「食べないぃぃぃ」……。

ね？　エンドレスリピートなのです。


そのあとどうなったかは、なぜか覚えていません。おそらくストレスで僕のストレージがいっぱいになり、記憶できなくなったのでしょう。僕のスペックの問題です。

子育てあるある03

キッチンで
子どもに隠れて
チョコ食べる

子どもの「〇〇期」にご注意を

この本を作るときに、インスタライブで子育てのお悩みを募集したのですが、イヤイヤ期に困っている方が多いこと多いこと。みんな一緒ですね。

子どもの〇〇期って、やたらいろいろありますよね。

僕が地味にダメージをくらったのは、息子の《なんでなんで期》。

イヤイヤ期ほど大きなダメージはないものの、じわじわ攻撃してくる、厄介な時期です。

言葉を喋るようになり、いろいろなことに興味を示すようになると、僕が何か言えば常に「なんで?」と返してくる《なんでなんで期》に突入しました。

「靴履いてね！」と言うと、「なんで？」。
「公園に行くからだよ！」と言うと、「なんで？」。
「だって天気いいじゃ～ん！」と言うと、「なんで？」。

いや知らんがな。

この「なんで？」は、一発で堪忍袋《かんにんぶくろ》の緒が切れるほどのストレスにはなりません。ただ、この小さなダメージが徐々に蓄積されていき、あるとき「うっ……！！！」となってしまう瞬間があるのです。

ユニクロに買い物に行って、「お、安い。」と思っていろいろ選んでカゴに入れて、レジで合計金額見てちょっとびっくりする。一つひとつは大したことがなくても、いつのまにか積み重なっていて想像以上の金額にダメージを受けてしまう。このときの精神状態に似ているかもしれません。

ちなみに、動画でよく僕が着ているスウェットはユニクロです（いや知らんがな）。


息子の「なんで？」に耐えられなくなったある日、なぜこんなにも「なんで？」と聞いてくるのか、その理由を息子本人に尋ねてみたことがあります。

「なんでそんなに『なんでなんで』言うの？」

息子は真っすぐな目で僕を見てこう答えました。

「わからない。なんで？」

完全に暗礁《あんしょう》に乗り上げました。

全・木下ゆーきに聞いた！
「子育てでイラッとした瞬間は？」

せっかくなので、「いつも笑いに満ちあふれた楽しい子育てをしていそうな人・木下ゆーきが感じた子育ての小さなイライラTOP3」を発表したいと思います。

第1位《なんでなんで期》

小さなイライラの代表格です。あまり目立ちませんが共感してくださる方も多いのではないでしょうか。

英語圏では《WhyWhy期》などと呼ぶのでしょうか？ 詳しい方いたら教えてください。

第2位 《見て見て期》

子どもが親に何かを見てもらいたいという欲望にとりつかれている時期です。何をするにも「見て？」と言い、何かしらを見せてくれます。

「何かしらって何？」と聞かれても覚えていません。覚えていないくらいどうでもいいことを見せてくれます。

なんだかよくわからない技のようなものにチャレンジするときに「見て？」と言ってくることも多々あります。

この〝技へのチャレンジ〟を見せられる場合、ほぼ１００パーセントの確率で1回目では成功しません。失敗しても「見て？見て？」と要求し、挑戦し続けます。

これが地味にストレスです。

第3位 《すごいすごい期》

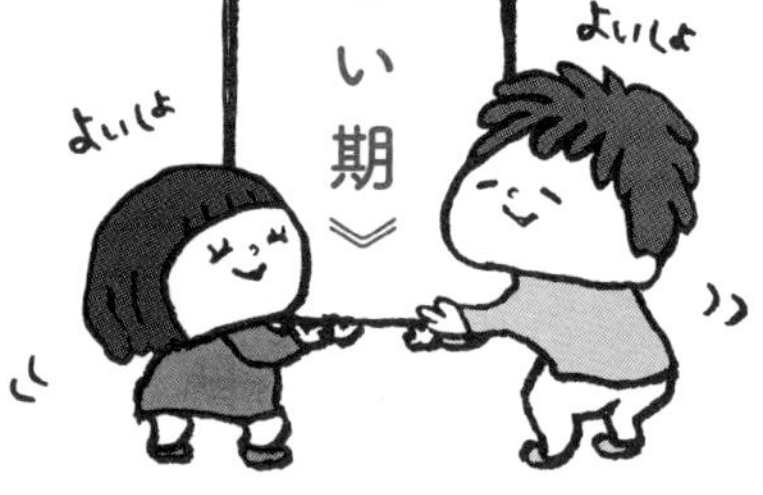

たいてい、《見て見て期》と同じくらいの時期にやってきます。

「見て？見て？」と親に執拗《しつよう》に要求し、謎の技にチャレンジします。

「謎の技って何？」と聞かれても覚えていません。覚えていないくらいどうでもいい技に挑戦します。

案の定、いつも通り失敗し続けます。ここで目をそらすと、「見てて！」と怒り始めます。

そして、なんとか4回目くらいで成功します。

成功したあと、キラキラした瞳でこちらを真っすぐ見つめながら
「すごい？」

と聞いてきます。

おめでとうございます、《すごいすごい期》突入です。

はっきり言って、別にすごくないんです。だってよくわからない技だし、めっちゃ失敗してるんだもん。

でも、「すごい」と答えるしかない。それが僕たち親の運命なのです。

もしも、この「すごい?」に対して「すごくない」と正直に答えたらどのような展開が待ち受けているかというと……。

「なんで?」

この頃からでしょうか、僕が子どもの気持ちを深く考えるようになったのは……。

子育てあるある05

抱っこ紐卒業するとお腹が寒い

子どもの成長はソフトウェアアップデート

子どもの成長はあっという間で、まるで「ソフトウェアアップデート」のようだと思います。見た目に大きな変化はなくても、中身は小さな改修を繰り返し、さまざまな機能を追加していきます。

その頻度はコンピューターも顔負けで、しかもアップデートのたびに操作方法を変えなければなりません。

僕たち親は、新たな操作方法に慣れるまで四苦八苦し、やっとこさ操作方法に慣れたと思ったら、またまたアップデート……と、何度も何度も繰り返します。

子育ては、子どもの成長と親の慣れ、その繰り返しなのでしょう。

iPhoneのソフトウェアアップデートとちがうのは、〝卒乳〟や〝トイレトレーニング〟といった、かなりの日数を必要とするアップデートもあること。ただ時間がかかるだけでなく、アップデート中のユーザー（親）側の負荷がすこぶる大きい大規模改修。

残念ながら、しばらく放置していれば勝手にバージョンアップしてくれるわけじゃないんですよね。

ちなみに僕は、子どものイヤイヤ期や反抗期がやってくることを〝大型アップデート〟と呼んでいます。

たいていのアップデートでは、機能が改善され操作しやすくなるのに対し、大型アップデートは操作方法が極端に難しくなり、ユーザー側のストレスが大きくなります。

iPhoneとはちがい拒否することもできないので、なかなか大変なんですよね、このアップデート。

僕も日々、子どものアップデートに振り回されながら、イライラしたり落ち込んだり、完璧には程遠い子育てをどうにかこうにかやっています。

完璧な子育て、しているように見えるだけです。

木下家の日常 1

ただいま〜
フラ〜フラ
息子3才
おかえりなしゃい
バタン
今日はお父ちゃん
ボロボロに
なっちゃったよー...
なんでお父ちゃん
"泥棒"になっちゃったの?
笑

PART 2

ママ's ミッション、インポッシブル？

ママの一日を書き出してみたら

子育てあるある06
お米が炊ける匂いをうんちの匂いと間違える

Part1で「おや? 有益な情報がみあたらないぞ……?」と思った方、安心してください。この章でも、有益な情報はほとんど出てきません。

では何をするかというと、ママを最大限にほめて、共感して、甘やかします。どれくらい甘やかすかと言うと、「おじいちゃんが初孫を甘やかすとき」くらい甘やかします。

なぜなら、ママたちの大変さって、なかなか注目されないから。この章のなかでくらい、主役になったっていいじゃないか。というわけです。

この本を読んでくれているパパさん、どうか懲《こ》りずにお付き合いください。

さて、一体世の中のママたちは、どれほどハードな一日を送っているのか？

その全貌《ぜんぼう》を明らかにすべく、ざっとではありますが、小さな子どもを育てるママの一日の流れを書き出してみました。

子育てママの1日のスケジュール

6:30	起床・朝食作り★
7:00	朝食
8:00	洗濯・掃除
10:00	買いもの
10:30	公園
12:00	帰宅・昼食作り★
13:00	昼寝寝かしつけ
13:30	風呂掃除・その他家事★
14:30	洗濯物取り込み★
15:00	昼寝から起こす
15:30	公園
17:00	帰宅・夕食作り★
18:30	夕食
19:30	入浴
20:00	寝かしつけ
21:00	米研ぎ・その他家事★
23:00	就寝★

うっ……。つらい……。

ママがひとりになれる時間には★マークをつけてみました。とはいえ見てわかるように、決して自由に過ごせる「優雅なひととき」ではありません。
また、ここには書ききれませんでしたが、おむつ替え・着替え・歯磨きなど、ほかにも数えきれないミッションが……。
ママたちは毎日、こんなにたくさんのミッションをこなし続けているのです！！！

さらに言えば、この流れはすべてがスムーズにいった場合のスケジュール。子どもの体調やその日の天候などによってはこのルーティンが崩壊するのです……。

うっ……。つらい……。（2回目）

次のページからは、僕も実際に経験した、ママたちの大変ポイントをもう少し掘り下げてみることにします。

MISSION 1

たとえば、子どもが熱を出した場合。

ママたちは子どもの様子を確認しながら夜を乗り越え、寝不足のまま朝を迎えます。いつも通り朝食を作りますが、いつもならそのタイミングで回している洗濯機も、子どもを病院に連れて行く時間によっては後回し。公園には連れて行けないため、外で遊べないストレスと体調不良によるぐずりで、子どもが大荒れ……。必然的に、風呂掃除やその他の家事、洗濯物などは後回しになり、手をつけられないまま夜を迎えることもあります。

そんなときに限って、事件は起こるのです

……！

「ただいま〜。あれ、今日部屋散らかってるね」

……。

完全に火に油注いじゃってます。

そんなことはわかっている。わかるわかる超わかるから、あなたにしてほしいことは指摘することじゃなくて、部屋の状態から察して、「大変だったんだね」と、過酷だった一日を理解してほしい。

できれば、「代わるからゆっくり休んでて？」

とか言ってほしい。

それが無理なら、自分があと2人ぐらいいたらな〜、なんて思ってしまうママなのでした。


ちなみに、こんなときに言われるとイラッとするひと言第1位（木下調べ）といえば……、

「夜ご飯、簡単なものでいいよ」

です。

なかには、

「焼きそばでいいよ」

「野菜炒めでいいよ」

と、気を遣《つか》っているつもりになっている「ダメ夫界のエリート」もいるよ

うです。

このようなエリートに対しては、

「〝でいいよ〟ってなんじゃコノヤロォォォ！　そもそもなんであたしが作るって勝手に決められてんだコノヤロォォォ！　3歳児じゃないんだから口動かさんと手動かせやコノヤロォォォ！」

と叫んでもOKだと、たしか法律で定められています。

MISSION 2

子連れでの買いものは、ものすごく大変です。道中では子どもにぐずられ、店内ではアンパンマンのお菓子がほしいと駄々をこねられ……。

そうそう、これはまだ世界中のどの機関からも発表されていない極秘情報なのですが……。

子どもは、大人には見えないアンパンマンを瞬時に見つけ出すことのできる特殊な能力を身に付けているらしいですよ。

話はそれましたが、ママは、買いものが大変なことだとわかっていても、冷蔵庫の中身とにらめっこして、給食の献立とにらめっこして、満を持してスーパーへと出かけなくてはなりません。

スーパーのなかでは、頭のなかのレシピとにらめっこして、100グラムあたりのお肉の値段とにらめっこしながら、買いものをするのです。夏は、燃えるゴミの日のタイミングまで考えて魚を買ったりするのです。

さらに追い打ちをかけるのが、雨の日です。

子どもが濡れないよう細心の注意を払う親に対し、濡れることが美学だと言わんばかりに嬉々として水溜まりへと向かっていく子ども。

「傘」と「子ども」と「買いもの袋」という、「カ行」で始まるこれらの単語を両手に抱えて歩くのは、もはや「苦行」です。

そう、買い物は苦行なのです。この苦行を乗り越えてはじめて、冷蔵庫のなかに食材という名の戦利品が揃《そろ》うのです。

MISSION 3

子どもとご飯を食べる

「ママ友とランチしてきました♡」

なんていう文章とともに、想定１２００円のオシャレなランチプレートの写真をＳＮＳに載せられるのは、芸能人か一部のキラキラアカウントだけ。

ママたちのお昼はいつだって闘《たたか》いです。

芸能人でもキラキラアカウントでもない一般庶民の僕も、〝子どもとお昼問題〟にはかなり悩まされました。

ちなみに僕がどれくらい庶民的かというと、トマトと果物は高価なので買うのを躊躇《ちゅうちょ》するくらい庶民的です。パプリカも高級食材だと思っています。スシローでは300円のお皿には手が伸びません。

そんな僕のお昼ご飯は、主にカップラーメンか中途半端な量の柔らかいうどんでした。だいたい、次のような流れになります。

1. 子どもにご飯を食べさせる。
2. いつものお昼寝時間まで少し余裕があったので、ササッとカップラーメンでも食べちゃおうと思い、お湯を注ぐ。
3. なぜか急に眠気がやってきた子どもが大ぐずりを始める。
4. 子どもを寝かしつける。
5. 音を立てずにリビングに戻ってくると、そこにはぶよぶよのカップラーメンが……。

ぶよぶよの麺をそーっと音を立てずにすするときの、なんとも言えない気持ち……。

もはや「食事」ではなく、「後処理」。人間の三大欲求のひとつであり、ストレス発散のための重要なツールである「食」が満たされないことは、僕にとって大きなストレスのひとつでした。

あるとき、この状況を回避するため、子どもを寝かしつけたあとにカップラーメンを作るようにしてみました。しかし、なぜかカップラーメンができあがるタイミングで子どもの泣き声が聞こえてくるのです。

あれはなぜでしょう？　教えてください、日清食品さん。

MISSION 4

子どもの保育園を決める

こんなに便利な世の中なのに、なぜか一向に楽にならない役所手続き。

子どもを連れていればなおさらです。待ち時間が長いうえに、待合室にはキッズスペースがないことがほとんどで、僕も、長い待ち時間を子どもの気を紛《まぎ》らわしながらやり過ごすのに毎回苦労していました。

なにより、保育園に入園させるための手続きはものすごく大変でした。「待機児童問題」がいかに深刻か、身をもって知ったのもこのときです。

僕が住んでいた地域はそれほど問題化していない地域だったものの、やはり子どもを保育園に入園させるのは容易なことではありませんでした。

まず、子どもを預けなければならない共働き世帯が優先的に希望の保育園に入園します。これから仕事を始めたいから子どもを保育園に預けたいと思っても、仕事がすでに決まっていなければ保育園に預けることはできないと言われてしまいます。仕事を始めるためには、保育園で子どもを預かってもらわなければなりません。しかし、いま現在仕事をしていないのであれば預かることはできないと言われ……。

え、何この矛盾?

当時まだ離婚協議中だった僕は、完全に別居中だったもののひとり親とは認められず、優先順位は低いと判断されました。そのため、第1希望の近所の保育園には入ることができませんでした。

結果的に第3希望の保育園に預けることになったものの、このときはじめて、子どもを保育園に預けるということがいかに大変か、身をもって痛感しました。

MISSION

5

保育園や幼稚園のイベントをこなす

保育園が決まってひと安心かと思いきや、これまた大間違いで、さらにたくさんのミッションが待ち受けています。

給食袋やナフキンは指定された大きさに、手作りで。

工作で使うトイレットペーパーの芯やペットボトルの蓋を必死で集めて。

遠足のお弁当は、ほかのママたちに負けないようなものを。

登園日によって変わる服装を把握し。

裁縫《さいほう》が大の苦手だった僕は、ミシンの使い方から母や姉に教えてもらわなければならなかったし、遠足のお弁当は、周りのお友だちのかわいいキャラ弁と比べて息子が悲しい思いをしないように、早起きしてキャラ弁を作ったこともあります。

それでも、登園日の服装は間違えるし、提出期限の定められたプリントを持たせるのを忘れるしで、息子には恥ずかしい思いをさせてしまうこともありました。

それから、「子離れ」というミッションもありますね。

僕も息子を先生に引き渡したあとは、木の陰にこっそり隠れて姿が見えなくなるまで息子を眺め、時間を確認して慌てて仕事に向かうのが日課でした。子どもの姿が見えなくなる瞬間、ちょっぴり胸が締め付けられるんですよね。先生やお友だちとうまくやってほしいと願いながら、子どもが自分から離れていってしまうような気がしてしまう、複雑な親心。

そしておとずれる卒園の日、ママたちは子どもと一緒に乗り越えてきたいろんなことを思い出して、涙を流すのです。

育児「休暇《バケーション》」？

このように、あのトム・クルーズでさえ途中で投げ出してしまいそうな過酷なミッションを、世の中のママたちは毎日遂行《すいこう》しているのです。

まさにインポッシブルなミッションに日々挑み続けている世の中のママたちは、本当に本当にすごい。

ほかにも書いたらキリがないのでこのへんでやめておきますが、ママたちはとにかく多忙な毎日を過ごしている、ということです。

「育児休暇」という言葉には「休暇」という単語が入っているけれど、全然〝バケーション〟ではありません。

Vacation!!
もー
あははは
きゃっ
きゃっ
=3

バケーションって、プールサイドでいろんなフルーツが入ったオシャレでトロピカルなジュースを飲みながら、時間を気にせずゆっくりするような〝休暇〟のことだと思うんです。

でも、育児バケーションは24時間365日営業し続けなければならず、自分が休むと子どもが死んでしまうという、過酷で危険な重労働です。

なので僕は、「専業主婦＝無職」という考え方も、到底受け入れられません。

試しに、小さな子どもを連れたママにプールサイド仕様のオシャレなジュースを出してみたらどうなるでしょうか？

きっと、おいしそうなフルーツだけ子どもにすべて奪われたあと、「ストローでブクブクしないの！」とかなんとか、注意するところまでがお決まりのパターンではないでしょうか。

木下家の日常 2

スマホでテレビ電話
あはは
娘2才→
それじゃあ
バイバーイ
また…
ピッ
↑
通話終了
あっ…
あーまだばあば しゃべってたのにー
くる
にんまり
…

PART 3

パパトーーーク!

パパ会を発足します

子育てあるある08
ドライヤー中に泣き声の空耳が聞こえる

「いやいや、俺らだって大変なんだよ」という声が聞こえてきそうですが、本当にその通りだと思います。

シングルファーザーの経験からママたちの大変さはすごくよくわかるし、その経験があったからこそいまの僕の活動があります。

でも、僕もパパです。ママの大変さも知っているけれど、パパの大変さだって知っています。

というわけで、全国のパパさんお待たせしました。この章は、パパによる、パパのためのお話です。Ｐａｒｔ２は怒《ど》涛《とう》の勢いでしたが、Ｐａｒｔ３は男同士、しっぽり居酒屋で語らう風でいきましょう。
ちなみに僕は、生ビールが５００円を超えると高いと感じてしまいます。お財布にはやさしい系です。

僕も、いまの活動を始める前は、毎朝スーツに着替えて小走りで駅まで向かい、満員電車に揺られながら通勤する、どこにでもいるサラリーマンでした。

出席する意味の見いだせない（はっきり言ってムダな）会議に出席させられたり、終業間際に仕事を押し付けられ、心のなかで中指をスタンドアップさせつつ仕方なく受け入れたりする、ごくごく一般的な会社員でした。

パパのなかには、「自宅で子育てしていれば、満員電車には乗らなくてもいいし、上司や取引先の機嫌をうかがう必要もないし、家で子どもと遊んでるほうがよっぽど気楽だろうな……」と考えたことのあるパパも少なからずいることでしょう。

その気持ち、わかります。僕も何度もそう思いました。

とくに、仕事で重大なトラブルが発生したときや、過度のプレッシャーがかかる業務を抱えているときなど、とにかく仕事に行くのが憂鬱《ゆううつ》でたまらないときは、隣の芝生が青く見えたものです。

あれもこれも休む間もなく大量の子育てミッションをこなし続けているママのことを考えると、「パパの気持ちもわかってあげてね」とは大きい声では言いにくいのですが……、パパにはパパの大変さがありますよね。そりゃそうです。

かといって、忙しさを理由に子育てを放棄していいことにはなりません。

だから、絶対に見失ってほしくないポイントだけ、まずはお伝えしておきます。

「疲れたときこそもうひと踏ん張り！
パパの背中はかっこいい！」

テレビCMで使われそうなくらい語呂がいいですね。気に入った方はぜひトイレの壁にでも貼ってください。踏ん張れると思います。

子育てあるある09
膝関節の「パキッ」で寝かしつけが振り出しに

パパの自覚と、ママの自覚

パパのなかには、子育てに協力したいけれど、何をすればいいのかわからないというパパもいると思います。

また、子どもが産まれたばかりで、自分が父親になった感覚すら芽生えていないというパパもいると思います。

安心してください。僕も長男が産まれてからしばらくの間は、自分が父親になったという実感が湧きませんでした。

「子どもができたから」という配慮で友人たちからの飲み会の誘いが減っても、父親としての自覚よりも友だちが離れていく孤独を強く感じていました。

「ママはお腹のなかで赤ちゃんを育てるから、妊娠中から母親になったという実感を得られる」なんて話をよく聞きますが、当時の僕もそう思っていました。

ママは子どもが産まれる前から母親になり、パパは子どもが産まれてしばらく経たないと父親としての自覚が持てない生き物なのだ……と思っていました。

しかし、その考え方は１００パーセント間違っていました。

先輩ママから、「ママだって母親になった実感なんて湧いてないからね」と教えられたのです。

「ママは子どもが産まれる前からママになる」という神話じみた言い伝えを信じていた自分を、ひどく恥ずかしく思いました。もしかしたら、実感の湧かない自分を正当化するために、自分にそう言い聞かせていただけなのかもしれません。

ママもパパも同じ、本当はママだってママになった実感なんて湧かないのです。

ママが最初からママである自覚を持っているように見えるのは、産まれた直後から病室で数時間おきに授乳させられ、おむつを替えさせられ、右も左もわからないまま、親としての仕事をさせられているから。

母親になったという実感が得られるよりも先に、「自分が何もしなければこの子は死んでしまう」という命の重さや、親としての責任や不安と闘っているからです。

パパになったという実感が湧かないことは、決して恥ずかしいことではないと思います。

でも、僕たち父親が最低限理解していなければならないのは、ママも同じように、自分が母親になったという実感など抱けていないということ。そして、それにもかかわらず、ほとんどのママたちは手探りのまま必死に子育てをしているということです。

何をすればいいのかわからないのはママも同じです。

重要なのは、**「わかるかわからないか」**ではなく、**「するかしないか」**ではないでしょうか。**「わからない」**と割り切ってしまうことは、子育てをしないことの言い訳でしかないのです。

おむつの替え方は、ネットで調べれば出てきます。粉ミルクの作り方も、缶を見れば書いてあります。小さな肌着を小さなハンガーに干すことも、いましかできない貴重な経験です。

最初からうまくできなくても大丈夫です。たとえ上手にできなくてママに
怒られたり、あきれられてもめげないこと。
何度も何度も失敗しながら、挑戦し続ければいいのです。

子育てプロジェクトの〝ヤバイ同僚〟にならないで

ただ、残念なことに、いまだに「俺は外で働いてきてるんだ」と、断固として子育てに参加しようとしないパパもいるようです。

「いざ子どもが産まれたら何もしない父親」というのは、仕事で例えると「一緒に新規サービスを立ち上げようと手を取り合ってプロジェクトをスタートしたものの、サービスがリリースされた途端にすべての業務を放棄し、押し付けてくる卑怯《ひきょう》な同僚」のようなもの。

押し付けられた側はというと、バグは頻発、徹夜や残業はあたりまえという状況。本来ふたりでやるべき作業をひとりでこなし、しかもそれが毎日続く……。

もしそんな同僚が職場にいたらどうしますか？　上司に報告して指導してもらうか、自分が諦めて転職サイトに登録しちゃうか。そんなブラックな職場、すぐにでも逃げ出したいですよね。

……いまふと思い出したのですが、転職サイトから送られてくるメールってしつこいですよね。すみません、全然関係ないですね。

話はそれましたが、職場にこんなヤバイ同僚がいたら、罰を受けるなり同僚に逃げられるなり、痛い目をみるのは当然のこと。それなのに子育てプロジェクトにおける〝ヤバイ同僚〟が許されていいはずがありません。

そもそも、なぜパパが外で働くことができているのか。

それは、パパが外で仕事を頑張っている間、家で子どもの世話を頑張ってくれているママがいるからです。

「外で働いてきている」のではなく、「外で働かせてもらっている」という、感謝の気持ちを忘れずにいたいですね。


もちろん、一方的に感謝しなさいという意味ではありません。外で働くことも、家で子どもの世話をすることも、どちらもとても大変なことです。

「ママがいてくれるおかげで、外で働くことができている」

「パパが働いてくれるおかげで、子どもと過ごすことができている」

と、お互いの大変さをしっかりと理解し合い、たたえ合うことがとても大切だと考えています。

子育てあるある11
いたるところからカピカピになった米粒発見

パパの〝地獄の一日〟はママにとっても〝地獄の一日〟

それでも、毎日忙しく働いていると、家庭を顧《かえり》みる余裕がなくなってしまうこともあると思います。

トラブル対応で夜遅くまで残業したり。参加したくもない飲み会に半ば強制的に参加させられ、上司の若い頃の武勇伝を延々と聞かされたり……。

そんな〝地獄の一日〟をなんとか耐え抜いてやっとの思いで帰宅した日には、何も考えずにベッドにダイブ！　したくなります。

でも、そんなときも残りわずかな気力を振り絞って思い出してほしいのです。

はい！
はいこれも
おねがい
がんばってね
しごと
しごと
あそぼー
あそぼー
お、おわらない..
こらーねなさいよー
わーい
きゃきゃ
フラ
フラ
げっそり
げっそり
ただいま..
おかえりな..さい

残業や飲み会で帰宅時間が遅くなったということは、子どもの世話をしているママも、いつもより長い時間たったひとりで子どもの世話をしていたということを。

前章でも書いた通り、ひとりで子どもの世話をするのはとても大変なことです。パパが〝地獄の一日〟だと感じた日は、ママも同じように〝地獄の一日〟を過ごしているのです。

こういうとき、僕が使っているテクニックがあります。

それは、**パートナーはいつも、自分よりちょっとだけ大変**と思うこと。

自分がどれだけ過酷な一日を過ごしたとしても、パートナーは自分よりもさらにちょっとだけ大変な一日を過ごした、と考えるようにしています。

そう思うことで、自分が疲れているときでも、パートナーへの感謝を忘れずにいられます。

一番の理想は、夫婦でお互いに気遣えることですが、疲れているときこそもうひと踏ん張りしてパートナーを支える心やさしい行動は、ぜひパパたちに実践してほしいと思っています。

想像してみてください。

忙しい一日を終えた夜中、数時間おきに無理やり起こされて、6キロの重りを持ったまま立たされ続けることを。その重りは大きな音を出し、抱いたまま揺れていないと音は鳴りやみません。疲れて座ったりその場に放置したりすると音は大きくなり、近所から通報が入ることさえあります。

これが毎日、休みなく行われます。

男である僕らでも、こんなに精神的にも肉体的にも負荷のかかる重労働、なかなかないですよね。しかも、これが子育てのほんの一部だということをお忘れなく。それなのに、女性ばかりが子育てをすることが当然であるはずがありません。

パパの背中はどう映る？

では、パパとしてできることは何か？

「親の背を見て子は育つ」ということわざがありますが、僕はふだん、**子どもに自分の背中がどう映るのかを意識するようにしています。**

子どもは親のマネをして育ちます。親が汚い言葉を使っていれば、子どもの言葉遣いも汚くなり、親が寝ながらテレビを見ていれば、子どもも寝ながらテレビを見るようになります。

子どもにとってはそれが「普通」のことだからです。

家事や育児を手伝わずソファーでゴロゴロしながらスマホゲームをする父

親を見て育った子どもにとっては、それが「普通の父親」になります。

　いつか子どもが親になったとき、子どもが男の子なら、その子も同じようにパートナーをサポートしない父親に育ってしまうかもしれません。

　子どもが女の子なら、家事や育児を手伝わない男性に疑問を抱かず、結婚相手として選んでしまうかもしれません。

　そのとき大変な思いをするのは子どもたちです。

　僕は、息子には仕事も家事も育児もすすん

でやる素敵なパパになってほしいと思っています。娘には、仕事はもちろん家事や育児も一緒になって頑張ってくれる素敵な男性と結婚してほしいと願っています。

そうなってもらうためには、父親である自分が率先して、その姿を見せる必要があると考えています。

家事や育児を手伝わずにゴロゴロして過ごすのは楽かもしれないけれど、自分のパートナーや、将来的には自分の子どもたちにまで大変な思いをさせてしまうことになるのです……。

もうひとつ、父の背中として僕が子どもたちに意識的に見せている姿があります。

それは、**自分の弱い部分**です。

たとえば、「仕事に行きたくない」という感情や、「仕事で上司に怒られた」

「大事な仕事でミスをした」という報告も、あえて子どもたちの前で言うようにしています。

自分にとってマイナスな面というのは、できれば隠したい姿です。隠さないにしても、わざわざ子どもたちの前で口に出す人はあまりいないのではないでしょうか。

だってカッコ悪いから。カッコ悪い父親の姿を積極的に見せようとする人は、そうそういないのではないかと思います。

それなのに、なぜあえて子どもたちの前で口に出しているかというと、自分の弱い一面や恥ずかしい報告を家族の前で話すことで、子どもたちに「弱さは口に出していい」と感じとってもらうためです。

「友だちと喧嘩した」

「先生に怒られた」
「学校に行きたくない」

いつか子どもが壁にぶつかったとき、家族に気軽に相談しグチを吐けるよう、あえて自分の弱さを見せたり恥ずかしい報告をしたりしています。

自分がちょっぴり恥ずかしい思いをすることで、子どもたちが今後悩みや不安をひとりで抱えず相談できるようになるのであれば、父親冥利《みょうり》に尽きますよね。

オナラだと思ったら
ちょっとウンチが
でちゃった！
あははは
きゃは

子育てあるある13
夜中にわが子の顔面蹴りで目が覚める

感謝すること、めんどくさいことをやること

僕も決して立派なパパではありません。父親になった実感も湧かなかったし、どれだけ子どもと遊んでもやっぱりママには敵《かな》わないし……。

そんな僕ですが、ほかのパパたちには負けないだろうと思っているものがあります。

それは、妻との会話の量です。

子育てをするうえで、夫婦間の会話はとても重要だと考えています。

夫婦というのは、血の繋がりのない赤の他人同士です。血の繋がりのある家族だとしても相手の考えていることを察知するのは容易ではないのですか

ら、赤の他人同士である夫婦ではなおさら難しいことです。
だから僕は、自分が何を考えているのか、何が嬉しくてどんな不安を抱えているのか、すべて言葉にして伝えるようにしています。

大切なのは、どんなに些細《ささい》なことでも伝え合うこと。

「言わなくてもわかるだろう」と思うようなことでも、実際は言葉で伝えなければ伝わらないことがたくさんあります。
感謝の気持ちも忘れずに。パートナーが日常的にしてくれている家事や育児に対しても、あたりまえと思わず、感謝の気持ちを言葉にして伝えてください。

「食器洗ってくれてありがとう」

「お茶沸かしてくれてありがとう」

と、一つひとつ伝えます。日常的に夫婦間で言葉を交わすことで、感情のすれちがいが減り、良好な夫婦関係に繋がると考えています。

もうひとつ、僕は「めんどくさいことこそ率先してやる」ことを心掛けています。

「お風呂洗うのめんどくさい」
「ゴミ箱に新しいゴミ袋セットするのめんどくさい」
「子どものおむつ替えるのめんどくさい」

自分が抱く「めんどくさい」は、パートナーにとってもめんどくさいもの。なので、自分がめんどくさいと感じることほど率先する。

結婚生活は、いかにパートナーに楽をさせてあげられるかというゲームだと考えてみてください。

スマホゲームでコインを集めるよりも、この結婚生活というゲームでパートナーからの信頼を集めたほうが、人間レベルも上がるし、なにより幸せです。

余談ですが、僕は娘が産まれたことをきっかけに、スマホに入っていたゲームアプリをすべて削除しました。入っていると楽しくてどうしてもやっちゃうんですよね……プロ野球スピリッツA。

いってきます！
ついでに
ゴミも！
ゴミ

木下家の日常 3

息子3才
Hey siri
オクターミエオーのしやしん！
ドクターイエロー
すみません、よくわかりません。
オクターミエオのしやしん！
オクターミエオのしやしん！
オクターミエオのしやしいいん！
おっ
わあ
こちらがみっかりました
あははははは
うわああーん
ちがうー
うわあーん
奥田民生

PART 4

木下家の子育てはこんなふうに考える

子育てあるある14
片付けた瞬間から散らかっていく

子どもの気持ちが知りたいなら、「なりきる」ことが一番

せっかくなので、僕がふだんどんなことを考えながら子育てをしているのか、少しだけお話しします。たまにオナラだと思ってうんちまで一緒に出しちゃう人間の話ですが、参考になれば嬉しいです。

子どもが何を見ているのか、何を考えているのか。子どもの気持ちは、子どもにしかわかりません。たとえ同じ場所にいても、目に見えている景色すら大人と子どもではまるでちがいます。

夫婦でさえお互いの気持ちを感じとるのは難しいことなのに、子どもの気

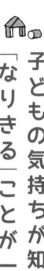

持ちとなるとさらに難易度が増しますよね。

子どもが何を考えているのかを知るためには、子どもになりきることが一番だと僕は考えます。

僕の動画を見ていただいければわかると思うのですが、とにかく全力で子どもと遊んでいます。

むしろ、子どもになりきっています。

なかなかにバカバカしい様子が見てとれると思うのですが、子どもになりきって子どもと一緒に遊ぶことは、子どもの気持ちを知ることができるとても効果的な方法です。

テレビ番組「はじめてのおつかい」になぜ大人が感情移入してしまうかというと、子どもの考えや感情を番組スタッフが時間をかけて考察し、ナレーションで解説しているからだと思うんです。

番組を見ていると、ただ歯を食いしばっているだけの子や、シクシク泣いているだけの子が映し出されることがあります。そのとき、その子どもたちがいま何を思って歯を食いしばっているのか、どんな気持ちで泣いているのかを、ナレーションが言葉にして教えてくれます。

ナレーションが入ることによって、「そんなことを考えていたのか……」と気づかされ、わが子と重なり涙があふれてくる。

逆にいえば、それだけ丁寧に解説してもらわないと、子どもが何を見ているのか、何を考えているのかを知ることはとても難しいということです。

たとえば、公園で子どもと一緒に遊具で遊ぶ。全力でおままごとに参加する。すると、遊びのなかで子どもがどんなことにワクワクするのか、何がどう楽しいのかを知ることができたりもします。

息子がまだ幼かった頃、床に寝そべってミニカーを前後にゆっくり動かし、それをただただじーっと見ていたことがありました。

「動くのがそんなに楽しいのか？」と不思議に思い、試しに僕も息子の横でうつぶせになり、ミニカーを前後に動かしてみました。

すると、息子が何に興味を示していたのかはっきりとわかったのです。

息子が見ていたのは、ミニカーのタイヤでした。タイヤに刻まれた小さな模様が、ミニカーを動かすとくるくる回る。それをじーっと眺めていたのです。

大人の感覚では、ミニカーは車体のカッコよさが一番の魅力だと思っていましたが、この頃の息子にとっては回るタイヤが魅力的だったんですね。

こんなふうに、子どもと一緒に遊び、子どもと同じ景色を見ることで、子どもの気持ちをちょっぴり理解できる気がします。

なりきり育児の極意 その1

子育てあるある15
パックのジュースを
強く握って
ブシャー

子どもになりきって遊ぶときに一番大切なのは、恥じらいを捨てること。とにかく全力で子どもになりきること。これはものすごく大切なことです。

あなたは子どもです。子どもなのです。

周りの目など気にしてはいけないのです。

ほーら ほーら
あなたは
だんだん
子どもになーる

たとえば、公園で息子と一緒に鬼ごっこをしていると、息子より汗をかき大きな声を出して走り回る僕のあまりの全力っぷりに周りの子どもたちがジロジロ見てくることがあります。

ここで恥じらって心が折れたら負けです。

それはただの大人です。大人は負けです（謎ルール）。

周りの目など気にせず、子どもと一緒に全力で遊び続けましょう。

すると、周りの子どもたちが「いーれーてっ！」と言ってくるかもしれません。そうなりゃこっちのもんです。周りの子どもたちも巻き込んで全力で遊べば、完全に子どもたちの憧れの的です。

あなたは立派な子どもです。あなたの勝ちです（謎ルール）。

なりきり育児の極意 その2

子育てあるある16
お尻拭きで
家中拭きがち

「いきなり子どもになりきるのは恥ずかしい」という暗示のかかりにくい方には、初級編として自分が子どもの頃、楽しかったことを子どもに伝えるという方法をおすすめします。


たとえば駄菓子屋さんに行ったとき。

子どもの頃好きだった駄菓子はありませんでしたか？　オリジナルの食べ方で楽しんだりしませんでしたか？

「このお菓子は、ここを歯で噛んでねじって開けるんだよ！」

「これ、爪楊枝《つまようじ》にいっぱい刺して食べると楽しいよ！」

こんなふうに教えてあげると、子どもも楽しんでくれます。

自分が子どもの頃にワクワクした記憶は、同じように子どもたちもワクワクさせてあげられる大切な宝物です。ただ、この記憶はすっかり忘れ去られていることも多いので、思い出すきっかけが必要です。

記憶のカギは、子どもと一緒に体験すること。駄菓子屋さんの外で待っているだけでは思い出すことはできません。子どもと一緒に駄菓子屋さんに入り、一緒にお菓子を選んでください。

一緒に楽しむ、これが大事です。

子どもと一緒に遊んでいると、自分が子どもの頃にハマっていた遊びや、よく食べたお菓子、毎週観ていたアニメなんかもふと思い出すことがあります。そのときのワクワク感を、そのまま子どもに伝えてあげてください。

僕たちが子どもの頃に「楽しい！」と感じたものの多くは、今の子どもたちも「楽しい！」と感じてくれるはずです。

僕たちの子ども時代のアニメって、いまのアニメと比べると画質がすこぶる悪いんです。それでも試しに子どもたちに見せてみると、一緒になってゲラゲラ笑いながら楽しそうに見てくれます。

時代なんて気にしなくて大丈夫です。

子どもが楽しそうにしている姿を見ると大人も楽しくなるように、大人が楽しそうにしていると子どもも楽しくなるのかもしれないですね。

ちなみに、僕が子どもたちに見せたアニメは「南国少年パプワくん」です。知ってるかな？（笑）

子育てあるある17
予定がある日に限って熱を出す

「否定しない」で「楽しい」を膨らます

子どもの気持ちを考えながら子育てをしてみると、あることが減りました。

それは、否定するという行為です。


幼い子どもに絵本を読んであげていると、読んでいる途中でページをめくろうとすることがよくあります。

「まだだよ〜」と言って制止してしまいがちですが、「なぜページをめくろうとするのか？」と、子どもの気持ちを考えてみました。

絵本の内容が楽しかったら、子どもはページをめくろうとせず、静かに聞き続けるはずです。ページをめくったのは、子どもにとって「ページをめくる」という行為が楽しかったからでしょう。

「絵本の内容」よりも「ページをめくる」という行為を面白がっている、という子どもの気持ちに気づけたら、その「ページをめくる」という行為を、さらに楽しいものに変えてあげればいいのです。

試しに僕は、子どもがページをめくるたびに大げさに驚くリアクションをしてみました。すると、子どもがゲラゲラと笑い声をあげながらページをめくり続けました。

絵本を最初から最後まできちんと読み聞かせることよりも、大切なのは、子どもが何を考えているのかを考えることです。

もちろん、危険な行為や自分や誰かを傷つけかねない言動に関しては、しっかりと叱る必要があります。

しかし、それ以外のことに関しては、子どもの行動をやみくもに否定せず、子どもが何を考えているのかを考察し、子どもが感じている〝楽しい〟をより膨らませてあげることが大切だと思っています。

何か新しいものを買うときや新たなことに挑戦するときに、「この子にはまだ早いかな？」と躊躇してしまうことってありますよね。僕もよくあります。

でも、親の判断で新しいことにチャレンジする機会を奪ってしまうことも、子どもの気持ちを否定しているのと同じことだと思っています。

「まだ早いかな？」と思っても、まずはやらせてみる、触れさせてみる。

もしもそこで子どもが興味を示さなければ、また月日が経ってから与えてみればいいだけのこと。「反応してもらえたらラッキー」くらいの気持ちで試してみればいいんです。

ＳＮＳに投稿した僕の動画のなかに、クラブミュージックに合わせて僕と子どもたちが踊っているだけの動画があります。ゲラゲラ笑いながらオリジナルのダンスを踊るこの動画は、投稿直後からＳＮＳで拡散されました。

もちろん、当時7歳と1歳だった子どもたちは、クラブに行ったこともなければクラブミュージックを聴いたことすらありません。

でも、ふと思い立ち試しに流してみたのです。

「子どもたちにクラブミュージックを聴かせたらどうなるんだろう？」という素朴な疑問がきっかけです。

すると、娘がノリノリで体を動かし始めました。おそらく、娘にとっては楽しいリズムだったのでしょう。

こうなれば、あとはその〝楽しい〟を膨らませるのが僕たち大人の仕事。息子も巻き込んで隣で一緒に全力で踊ってあげると、娘はキャッキャ笑いながら大喜びで踊っていました。

子育てあるある18
頑張って
作ったごはんほど
食べてくれない

「わからなくてあたりまえ」と開き直る

子育てって、人気クイズ番組の「東大王」に似ていると思うんです。

あの番組で出題される問題は、正解がわからない問題ばかり。子どもの手前、クイズに正解してカッコいいところを見せたい気持ちもあるけれど、はじめて見る問題なんだからしょうがない。

ただ、たまに「あれ？　この問題どっかで聞いたことあるぞ……？」っていう問題が出てくることがあって、そんなときは、自分の記憶にうっすらと残っている知識で問題を解くことができたりします。

子育てもちょっぴり似ている。

子育てをしていてぶちあたる問題は、そのほとんどがはじめて目の当《ま》たり《あ》にする問題です。どう解決すればいいのか、答えがわからずに戸惑うことばかりだけれど、ときどき「あれ？　子どもの頃こんなことしたぞ？」っていう自分の経験が役に立つことがあります。

僕は、クイズと同じように、子育ても自分の記憶にうっすらと残っている問題だけ解ければいいと思っています。

だって、わからなくてあたりまえなんです。経験したことがないんだから。2人目、3人目の子育てだって同じことです。子どもがちがえば性格もちがう。性格がちがえば扱い方も変えなければならない。

わからないのがあたりまえなんです。

大切なのは、問題にぶちあたったとき、親としての無力さを痛感するのではなく**「わからなくてあたりまえなんだ」と開き直ること**です。

わからない問題は子どもと一緒にゆっくり時間をかけて正解を導き出し、新たな知識として身に付けていけばいいと思っています。

木下家の子育て3大ルール

子育てあるある19
冷凍していた離乳食、
チンしすぎて大爆発

子どもになりきること。
子どもの考えを否定しないこと。
わからないことはわからないと開き直ること。

これが、僕が子育てにおいて心掛けていることです。
こうして書いてみるとすごく簡単そうだけれど、実際にやってみるとこれが意外と難しい。だから、僕自身もまだちゃんとできていないことも多いんですけどね（笑）。

子どもの発想力や想像力は、大人をはるかに超えていると思います。なので、ときには大人の想像力が追い付かないような行動をとることもあります。

覚えておいてほしいのは、もし大人の理解が追い付かなくても、認めてあげることはできるということです。

子どもは公園に行くとどんぐりを拾いたがり、海に行くと貝殻を拾いたがります。落ち葉を一か所に集めたり、お決まりのルーティンで遊んだりします。

親にとってはただのどんぐり、ただの貝殻、一見意味のない行動だったとしても、子どもにとっては意味があるのかもしれません。


まずは子どもになりきって考えてみる。意味のないことだと否定しない。それで理解できなかったとしても、自分を責めない。

僕はこうやって日々子どもと向き合っています。

子どもの考えていること、やりたいことを認めて、それを形にする手助けをしてあげたいですね。

木下家の日常 4

PART 5

子育てお悩みQ&A

この本を作るにあたって、
SNSで実際に子育てに関する
お悩みを募集しました。
今回は、そのなかでもとくに多かった
お悩みに答えました。

Q1

〝怒る〟と〝叱る〟の使い分けがうまくできません……。つい感情的になってしまいます。

このお悩み、すごくすごく多かったです！　子どもへのしつけの仕方で悩んでいる方はとても多いみたいですね。

「怒る」は感情的に言葉を発してしまうこと、「叱る」はやさしく諭《さと》すように言葉をかけてあげること……というイメージで合っているでしょうか？　だとしたら、僕も使い分けなんてできていません。もしも、瞬発的に沸き起こるあの「イラッ！」という感情を穏便《おんびん》にやり過ごすツボがあるとしたら、常に針を刺していたいくらいです。（多分、刺された瞬間に「イタッ！」って怒るけど。）

僕たちは人間の親でありロボットではないのですから、感情的になってしまう瞬間があるのは当然のことです。

大切なのは、感情的にならないよう心掛けることや、感情的になってしまった自分を責めることではなく、**何がいけなかったのか、何を伝えたかったのかを子どもにちゃんと話すこと**だと思っています。

僕も怒ってしまうことはよくありますが、あとから気持ちが落ち着いた頃にもう一度子どもと話をします。言いすぎたときは謝るし、言い足りなくてやさしい言葉で補足指導することもあります。

補足指導、なんて都合よく表現していますが、子どもからしたら「〝怒る〟と〝叱る〟の盛り合わせ」だから、最悪だろうなあ。

でも、ときには盛り合わせも食べてもらわなきゃね（笑）。

Q2

はじめての子育てで、まだ喋れない子どもとどんな会話をしたらいいかわかりません。

乳児や新生児の頃って、問いかけてもレスポンスがないので何を話せばいいのかわからないですよね。そんなときに超使えるテクニックをご紹介しましょう！

ずばり、喋れない子どもへの声かけはツイッターだと思えばいい。

ツイッターって、そのときの気分や目にしたものへの感想などなど、別になんてことないことをつぶやきますよね。

声掛けも同じでいいんです。

「今日寒くない？」

「竹内涼真めちゃくちゃカッコいいんだけど。」

「え⁉　うそ！　西松屋のセール今日までじゃん！」


こういうなんてことない気持ちを言葉にして、子どもに話しかければ大丈夫。返信はあまりもらえないかもしれませんが、ニコッとしてくれたときは「いいね！」をもらえたということにしておきましょう。

なかには、子どもに話しかけている姿を誰かに見られるのが恥ずかしいと感じる方もいるかもしれません。そんなときは鍵付きのアカウントだと思えばいいのです。

フォロワーはお子様だけです。周りなど気にせず、たわいもないことをつぶやきましょう。

Q3

ごっこ遊びに付き合うのがつらいです。

子どもと遊ぶのが苦手という方も多いみたいですね。また、どのように遊んであげればいいのかわからないというお悩みも多く寄せられていました。ままごとやお店屋さんごっこに巻き込まれ、子どもに言われるがままお皿に盛られたおもちゃをおいしそうに食べる演技をしなければならないあの時間が苦手……という方も少なからずいると思います。

子どもの遊び相手になってあげようというやさしさゆえのお悩みですね。それならば、スポーツやお菓子作りなど、パパやママの趣味や好きなことに子どもを巻き込んでしまうのはいかがでしょう。

遊び方に関しては、無理して子どもに合わせる必要はないと思っています。

ままごともお店屋さんごっこも、もとはといえば大人のマネ。子どもって、大人のするたいていのことに興味を持ってくれるので、いっそ親が子どもに合わせるのではなく、子どもに合わせてもらえばいいのです。

最初は教えるのに苦労するかもしれませんが、結果として親子で共有できる楽しい時間が増えるのならお得だと思いませんか？

子どもが生まれると、食事もテレビもお出かけ先も、子ども主体に考えてしまいますよね。

でもたまには、こっちのやりたいことにも付き合ってもらわなきゃね〜！

Q4

もっとほめてあげなきゃいけないとわかっているのに、ほめてあげられません。

すごくわかります！

ほかにも、「外に連れてってあげなきゃいけないのに……」とか、「子どものペースに合わせてあげなきゃいけないのに……」とか、【わかっているけどできない】という自分の無力さに嫌気がさすこと、子育てしているとよくありますよね。

僕はそんなとき、考え方を逆転するようにしています。

どういうことかというと、【わかっているけどできない】という考えを、【できてないけどわかってはいる】に変えるのです。

どうです？【わかっているけどできない】だと、できていないことが強調されてマイナスな気持ちになってしまいますが、【できてないけどわかってはいる】なら、わかっているだけマシな気がしてきませんか？

子育てはやらなきゃいけないことが多すぎるので、すべてを完璧にこなすことは不可能です。

できないのはあたりまえ。〝できてなくても頭ではわかってあげられている〟というのは、とても素敵なことだと思います。

Q5

下の子ばかりに目がいき、上の子にかまってあげられていません……。

僕も6歳差の兄妹を育てているので、その気持ちとてもよくわかります。

どうしても下の子のほうが手がかかるため、必然的にかまってあげられる時間にも差が出てしまいますよね。上の子にも同じように接してあげようとすると、親の身体は持ちません……。

こういうとき僕は、たまに上の子だけを連れて買い物に行き、子どもが選んだ本やお菓子を買ってあげたり、2人きりで銭湯に行ったりしています。

その際、「〇〇ちゃん（妹の名前）はまだ小さくて連れてこられないから、お兄ちゃんだけの特権だね！」という話をして、ちょっぴり特別感を演出しています。たとえ言葉には出していなくても、ふだんは「大きいから我慢」させてしまっているので、余裕のあるときに「大きいから特別」ということをあえて言葉にして伝えるように心掛けています。

まだ小さかった頃の写真を見せながら話をすることもあります。下の子と同じようにいつも抱っこされていたこと、いまでもちゃんと愛していること……。

改めて考えると、大人でも〝察する〟のは難しいことなんだから、子どもだって言ってもらわなきゃわからないですよね。

と、言うのは簡単ですが、実際はそんな余裕なかなかないというのが子育ての現実なんですけど（笑）。

でも、「かまってあげられていない」と悩むということは、ちゃんと上の子を見て、上の子を想っているからではないでしょうか。

その気持ちは、子どもにもちゃんと伝わっていると僕は思います。

Q6

「ダメ！」ということをやります。なにか対処法はありませんか？

わかる！　息子が幼い頃、まさにそうでした！

天邪鬼タイプのイヤイヤ期だった息子、僕が何を要求しても常にその逆のことをしてくれました。

食事中に「座って？」と言うと座らない。

「食べて？」と言うと意地でも食べない。

「やめて？」と言うと、やる。

「やって？」と言うと、やめる。

毎日これの繰り返しなので、ストレス半端じゃないですよね。

でも安心してください。いまお子さんの身体に潜《ひそ》んでいるその天邪鬼くんは、月日の経過とともに自然にいなくなります。天邪鬼くんが潜んでいる期間の対処法としては、**望んでいる行動と逆の要求を出す**のが効果的です。

やめてほしいときに「やって？」と言います。

やってほしいときに「やめて？」と言います。

「お片付けしないでね？　お父ちゃんがお片付けしたいから絶対にしないでね？」というあの有名なネタのような逆要求が見事にハマったとき、必死におもちゃを片付ける息子の横で

「お片付けしないでよー！」

と嘆く演技をしながら心のなかで高笑いしていたのを覚えています。

Q7

旦那に対して、嫌味にならない「子育て参加して」の言い方が知りたいです。

この悩み、一番多かったです。

これはずばり、「やって!」ではなく、「助けてくれない?」と助けを求める表現を使うことをおすすめします。

上から目線で指示を出されると反発したくなるけれど、その一方で、頼りにされるとつい頑張ってしまう、っていう男心ってあると思うんですよね。自分が必要とされている感じがするからでしょうか。

でもこれ、意外と男女ともにあるあるなのではないかと思います。なので僕も夫婦間のみならず、誰かに要求を出すときには双方が気持ちよく行動できる伝え方だと思ってふだんから使っています。ぜひ試してみてください。

……………ここから本音タイム……………

ただ……、そもそも嫌味にならない言い方を考えさせるほどパートナーを悩ませている時点でレッドカードだし、言われる前に気づけ！　というのが正直なところ。そういう旦那はハトにフンを落とされればいい。

そんなときは、

「フン落として！」

ではなく、

「フン落とすの助けてくれない？」

と言えば、ハトも喜んで参加してくれるはずです。

また、ハトが幼い場合は、

「フン落とさないでね？　絶対に落とさないでね？」

と声をかけてみましょう。

Q8

手を洗いなさい、宿題やりなさい、手紙出しなさいなど、言わないとやってくれません。注意することにも疲れてしまいました。

小学生くらいのお子さんでしょうか。すごくわかります。

こういうときは、必殺「発想の転換」でいきましょう！

【言わないとやってくれない】ではなく、【言ったらちゃんとやってくれる】と考えてみるのはどうでしょうか。

【言わないとやってくれない】と考えると、子どもに対する発言も「言われなくてもやって！」になってしまいます。

では【言ったらちゃんとやってくれる】に変換したら？　なんだかすごいスキルを身に付けている感じになりませんか？

言ったことをちゃんとやってくれているので、子どもには「ほめる」言葉をかけたくなりますよね。

「言ったことがちゃんとできてるね！　すごいね！」と伝えれば、子どももちょっぴりいい気分になります。さらに、

「なんかこのままいくと言われなくてもできちゃいそうで怖いんだけど！」

なんて付け足してあげると、子どもの士気はぐんぐん上がるんじゃないでしょうか。

そして、ついに子どもが自分から率先して行動できたときは、

「えらい！」と上から目線でほめるのではなく、

「うそでしょ？　え、すご！　怖い怖い！　自分から行動するとか大人でもなかなかできないことだからね!?」

と、大げさに驚きながらほめてあげると、子どものやる気は最高潮に。気がつけば繰り返し行動してくれるようになるかもしれませんね！

Q9

個人差があるとわかっていても、つい周りの子と比べて焦りを感じてしまいます。

ほかの子はもう歩いているのにうちの子はまだハイハイしている。

ほかの子はもうおむつが外れているのにうちの子はまだおむつを履《は》いている。

成長のスピードで焦りを感じてしまうこと、よくありますよね。息子もずっと小柄で、3歳児健診では追加検査が必要と診断されるくらい成長の遅い子でした。

僕はいつも、横と比べない、縦と比べると考えています。横はほかの子、縦は昔のわが子です。

子どもの成長で悩んだときは、昔のお子さんの写真を見返してみてください。まだハイハイしかしない子も、もっと前はただ寝ているだけだったはずです。トイトレがスムーズに進まない子だって、産まれたての頃のおむつと比べたらサイズも形も変わっているでしょう。

みんな、ゆっくり着実に成長しているんです。

子どもの成長は電車のようだと思っています。成長の早い子は新幹線、ゆっくりな子は鈍行列車。終着駅は、どちらも「大人」です。新幹線のように速いスピードで成長するお友だちに憧れることもあるでしょう。

でも逆に、鈍行列車のようにゆっくり進み、たまに途中の駅で降りたりもして、いろいろな思い出を作りながら成長していくのも、土産話がたくさん増えて素敵かな？　と僕は思っています。

Q10

育児本に書いてあるような育児ができません。

育児本をはじめ、ＳＮＳの情報や身内から言われるアドバイスは適度に聞き流しながら自分に合うものだけを取り入れればいいと思っています。

子育てのアドバイスは《占い》と同じです。

朝の情報番組の誕生月占いで、自分の誕生月が1位か12位のどちらかで最後まで残ったとき。

僕なら、12位に選ばれたら「はいはい、どうせ占いだから」って思うくせに、1位に選ばれたら「お、今日なんかいいことあるかも！」って思っちゃう。あれと一緒で、育児本や周りから言われる子育てのアドバイスも、自分にとって都合の悪い情報に関しては「はいはい、どうせ占いだから」と聞き流しておいて、逆に自分に合いそうな有益な情報だけを取り入れていけばいいと思っています。

あ、あれだ。「ビュッフェ」にも似ているかもしれないですね。

いろんな料理が並べられているビュッフェも、ひとまずざっと目を通してみて、そのなかからおいしそうな料理と気になる料理を選んでお皿に盛って食べます。そこでおいしいと感じた料理をまたおかわりしにいけばいい。

いくらビュッフェといえども、自分の苦手な食材が入った料理はお皿に盛ろうと思わないし、自分の口に合わなかった料理をわざわざおかわりしたところで、ストレスにしかならないもんね。

子育てのアドバイスもビュッフェです。自分の口に合う料理（情報）だけをピックアップして、日々の子育てに取り入れていけばいいのです。

Q11

SNSで友人やほかのママのキラキラした様子を見て、なんで自分だけできないんだろうと悲しくなります……。

「ゆーきさんみたいに余裕を持って子育てするにはどうしたらいいですか?」という質問がたくさん寄せられます。

でも、僕も子育てに余裕なんてありません。

それでも、SNSにアップされた僕の姿を見て、「キラキラしている」と感じる人が多いのはなぜか?

子育ての〝キラキラじゃない部分〟はSNSにはアップされないからです。

SNSの投稿は、その人のほんの一部分です。楽しげな様子の写真や動画は、その人のすべてではなくただの表面です。

鶏皮みたいなもんです。プルプルしていて脂がのっておいしそうだけど、皮を剝《は》いだらパッサパサの胸肉だったりします。

ＳＮＳではいつも楽しそうに見える僕も、イライラしたり、全部投げ出したくなったり、一日中パジャマの日があったりします。胸肉です。キラキラした写真ばかり投稿している人も、きっと同じ胸肉なんです。みんな同じ。１００グラム58円くらいです。

みんなが「いいね！」したくなるようなキラキラした生活じゃなくても、子どもがキラキラした笑顔を見せてくれるだけで十分です。それくらいがちょうどいいんですよ。

……それにしても、インスタグラムってとくにキラキラしてるよね。インスタグラムは代官山で、ツイッターは蒲田って感じ。僕はあのちょっとディープで人情味あふれる感じ、大好きなんですが。

木下家の日常 6

息子3才
お父ちゃん やろう
国旗カード
やろうやろう!
あめりか
アメリカ
にっぽん
日本
ちゅうごく
中国
すごい!すごい!
お父ちゃんみて! にっぽんのランチ えびフライ だって!
にっぽんの ランチ?
ほら!にっぽん
本日のランチ エビフライ
あははは すごい!

さいごに

いま、子育てに悩んでいる
ママへ

「母親失格」？

こういう活動をしていると、自分を責めてしまっているママからメッセージが届くことがよくあります。

送られてくるメッセージの内容はさまざまで、「子どもに強く怒ってしまった」というものや「子どもが言うことを聞いてくれない」というものから、「母乳がなかなか出ません」という新生児のママからのメッセージが届いたこともあります。

相談内容は一人ひとりちがっていても、それらの悩みの文末には、「自分は母親失格です」というひと言が添えられていることがとても多いです。

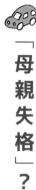

僕もかつて子どもを強く叱ってしまい、毎晩のように子どもの寝顔を見つめながら「ダメな父親だな……」と自分を責めた過去があったので、子育てに悩むママたちの苦しみは痛いほど伝わってきました。

あまりに「母親失格です」という声が多かったので、僕は一度「母親失格」とはなんなのかを調べてみたことがあります。

はじめに、辞書で「母親」を調べてみました。すると「女親のこと」と書いてありました。**「そのままじゃねえか」**と、やや強めにツッコんでおきました。

次に「失格」を調べてみました。すると辞書には「資格を失うこと」と書いてありました。よくわからなかったので読み進めてみると、解説が書いてありました。

たとえば、受験なら「カンニングをしてはいけない」というあらかじめ定められたルールを破ることで、受験者としての受験資格を失うこと。スポーツなら、「ファウルをしてはいけない」というあらかじめ定められたルールを破ることで、競技者としての競技資格を失うこと。

これが「失格」なんですって。ここまで読めば、大学中退の僕でも「失格」の意味がよくわかりました。


話は戻って、「母親失格」について。

はたして、「母親にあらかじめ定められたルール」ってなんだろう？　いろいろ考えてみたのですが、答えは出ませんでした。

なぜなら、「母親にあらかじめ定められたルール」なんて存在しないからです。

子育てあるある21
晴れていても長靴

悩んでいる時点ですでに〝いいママ〟

それなのに、なぜママたちは「自分は母親失格」と思い悩んでしまうのか。
それは、「母親としてのルール」を自分のなかで設定してしまっているからではないでしょうか。

ルールと表現するとピンとこないかもしれませんが、たとえば
「子どもに笑顔で接するやさしいママでありたい」
「子どもの力になってあげられる頼りがいのあるママでありたい」
というような、「理想の母親像」のことです。

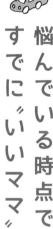

「子どもにとって〝いいママ〟でいてあげたい」という想いが、いつのまにか「理想の母親像」を作り上げてしまうのです。

けれども実際の子育てでは些細《ささい》なすれちがいから子どもを叱ってしまったり、子どものわがままに「疲れたな」「めんどくさいな」と思っている自分がいたり、理想と現実の間で乖離《かいり》が生まれます。
それは当然のことであり、仕方のないことなのですが、その理想と現実とのギャップが、「自分は母親失格」という感情に繋がってしまうと僕は考えています。

では、本当に母親として失格なのか？
そんなわけがありません。
なぜなら、その悩みは「子どもにとって〝いいママ〟でいてあげたい」という、子どもを想う気持ちから生まれているから。「子どもにとって〝いいママ〟でいてあげたい」と理想の母親像を思い描くママが、母親として失格なわけがありません。

「母親失格だ……」と、自分を責めて落ち込んでしまうママに僕から伝えたいことは、「あなたのお子さんは、きっとすごく幸せだよ」ということ。

極端な話、子どものせいにすることだってできるんです。「全然言うことを聞かない悪い子だから、叱られて当然！」と、強く叱った責任を子どもに転嫁することもできるのです。

それなのに、子どもを責めることはせず、「自分は母親失格だ」と自分を責めているママが、母親として失格なわけがないんです。

「自分は母親失格だ」という感情は、子どもに責任転嫁をしない、子どもを守ろうとしている感情です。

覚えておいてほしいです。

「自分は母親失格」と思ってしまうママほど、とても素敵なママなんだということを。

さいごに、パパへ

子育てあるある22
おむつを開けたら噴水ショー

僕のＳＮＳのフォロワーは、9割以上が女性です。この数字にも、男性の子育てに対する関心度の低さが表れていると感じています。

でも最近は、休日に公園にひとりで子どもを連れて遊びに来ているパパの姿をよく見かけるようになったし、平日の学校行事でもパパの姿がたくさん見られるようになりました。

子育てに対する意識はひと昔前と比べると着実に変わってきていると思っています。この本をここまで読んでくださっているパパも、子育てについて真剣に考えているパパなのでしょう。

もしかしたら、子育てに悩んでこの本を手に取ったというパパもいるかもしれません。

でも、どうか安心してください。子育ての悩みや失敗は、どれも恥ずかしいものではありません。


子育てもスポーツと同じで、試行錯誤しながら、失敗を繰り返しながら、少しずつ上達していくものです。子育てはチームプレーです。夫婦というチームで楽しみましょう。

ミスをしてカッコ悪い姿を見せたって、それは恥ずべきものではなく、頑張った勲章です。がむしゃらにやってみるほうが、夫婦で飲むビールは絶対においしいだろうし、なによりチームの絆はより強くなると思います。


同じパパ同士、一緒に頑張りましょう。

そしていつか街中で偶然出会うことがあったら、一緒にプチ打ち上げしましょう。
生ビールが500円以下の
お店で。

あとがき

最後まで読んでいただきありがとうございました。

「子どものために……」って思えば思うほど、不安も負担も増していくし、子育てって本当に大変で困っちゃいますよね。

子どもはまるで花のようです。産まれたときからみんな美しく咲いていいます。その花をより綺麗に、より立派に見えるように手入れしようと思ったら、高価なプランターに植え替えたり、質の良い肥料を与えたり、お金も労力もかかります。

でも、無理にそんなことする必要はないと思っています。

たしかに、しっかり管理の行き届いた花壇も綺麗で素敵です。でも、道端に一輪だけ咲いている名も知らぬ花の美しさに心惹かれるときもあるし、雑草と言われている猫じゃらしだって、子どもたちには大人気です。

周りに流されず凛《りん》と咲いていれば、その魅力に気づいてくれる人は必ず現れます。僕たち親がすべきことは、高価なプランターや肥料を買うことではなく、子どもの魅力に誰よりもはやく気づいて、その花が枯れないよう、適度な水を与えてあげることなのでしょう。


子どもが100人いれば、100通りの性格があります。

あなたの子どもについて一番詳しいのは、あなた自身です。専門家の言葉や育児本の情報に悩まされることもあるかもしれませんが、自分が一番楽なスタイルで子どもと向き合って子育てすればいいと僕は思っています。

育児本の最後に書くことじゃないかもしれないけれど(笑)。

子どもの成長はあっという間です。いまこの瞬間にも子どもはどんどん成長していて、僕たち親の手助けも、あっという間に必要とされなくなります。

毎日の大変な子育ても、四苦八苦しながら奮闘できる期間はあっという間に終わってしまうのかもしれませんね。

先日、小学生の息子と歩いていたときのこと。僕が何も言わずそっと手を差し出したら、息子が手を繋いでくれました。

歩けるようになったばかりの息子は、手を差し出しても繋ぐどころか、僕の手を振り払い、突然駆け出していってしまう子でした。車道に飛び出しては危険なので、いつもヒヤヒヤしながら息子の手を必死に掴んでいました。

当時、僕にとって息子の手は「繋ぐ」ものではなく「掴《つか》む」ものでした。それがいつのまにか、手を握り返してくれるようになっていた。息子の反応に成長を感じ、とても嬉しくなりました。

夜泣きする息子を抱きかかえ、真っ暗な部屋のなかを2時間歩き回った夜。

イヤイヤ期の息子を大声で叱りつけて自暴自棄になったあの日。毎日手探りで子育てに奮闘し、壁にぶつかってばかりだったあのときの未来に、こんなにも幸せを感じられる瞬間が待っていたなんて。

子育てに自信をなくした瞬間は何度もあったけれど、子育てを通じて笑顔になれたことも何度もありました。でも、振り返ればすべて素敵な思い出で、その思い出の中心にはいつも子どもがいました。

生まれたときからずっと、小さな手で、僕たち大人を支えてくれているんだと、しみじみと感じます。

いつの日か、手を繋いでくれなくなる日がくるのだろうけど、そのときもまた、子どもの成長を感じて感動したりするのかな。

いまはまだ、もう少しこの瞬間を楽しんでいたい今日この頃です。

おまけ

赤ちゃんインタビュー

ＳＮＳで人気の赤ちゃんさんに特別にお話をうかがいました。

子育ては大変と言われていますが、どう思われますか？

マジですか？ どのへんが大変なんですか？

気力も体力も使いますし。

マラソンみたいな感じですか……。

みなさんすぐ大きくなられるので、ただ抱っこするだけでも大変ですし。

パワーも必要なんですね……。

子育ては大変という声に対して反論はありますか？

パッとは出てこないですけど……赤ちゃんもなかなか大変なんですよ？

赤ちゃんも大変⁉ どのへんが？

いないいないばぁとか高い高いとか、正直もう飽きてるんですよね。

そうなんですか⁉

つねに同じことされてもねぇ……パターン変えてほしいですよ、パターンを。

なるほど……気を遣って笑ってくださってたということなのでしょうか？

もうほぼ愛想笑いですよね。

愛想笑い⁉

あー、またやってるわー、、なんて思ってますよ。

衝撃的な事実でした……。

りんご食べたい。

急にどうしたんですか？

がんばって耐えていたんですけど……。

そろそろ離乳食のお時間ですもんね。

とにかくりんごが大好きでして……。

準備しますので、もう少しだけ続けさせてください。

う～ん……いいでしょう。

ありがとうございます。では、りんごの次に好きな離乳食は？

これは難しい質問ですね。

1位はりんご、第2位はなんでしょう？

れんご。

〝りんご〟みたいに言わないでください。

かなりりんごに似た食べ物ですよね。

ないですよ？　真面目にお答えください、第2位は？

らんご。

〝りんご〟みたいに言わないでください。

もう頭の中がりんごでいっぱいになってます……。

相当お腹が空いているんですね。

よく食べてよく寝る、それが僕たちの仕事ですからね。

そうですね！　たくさん食べて寝て、どんどん大きくなってほしいです！

ろくに運動していないので体重もすぐに増えますよ。

言い方トゲありますね。

しっかり伝えておきたいのは、両親には感謝しているということですかね。。

お！ ぜひそういったお話を聞かせてください！

くっついてないと眠れない夜もあったりして……。

赤ちゃんさんは甘えん坊ですもんね。

ねかしつけに長い時間かかったりするのは、申し訳なく思っています。

赤ちゃんさんがそんなふうに思っていただなんて……。

大人だって、食べて寝るだけの生活が理想ですよね？

忙しいときはとくにそう思ってしまいますね……。

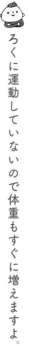

好物をお腹いっぱい食べて、時間も気にせず眠りたい。

正直そうですね……でも、子育てしているとなかなか難しいんですよね。

きっと、パパもママも大変なんだろうなって思っています。

そう思ってもらえてるだけで嬉しいです！

だから、とっても感謝しているんです。

では、最後にご両親に感謝の気持ちを伝えてもらえますか？

よかったら、このインタビューで答えた
僕の言葉の頭文字だけを最初から繋げて読んでみてください。

！！！ ありがとうございました！

木下ゆーき

Kinoshita Yuki

笑いを交えた子育て情報を発信するインフルエンサー。二児の父。その発想力と表現力は著名人にもファンが多く、SNS総フォロワー数は70万人を超える。TVやラジオ等のメディア出演のほか、トークライブは過去公演全てにおいてチケットが即完売している。

Twitter：@kinoshitas0309
Instagram：@kinoshitayuki_official

失敗したって
いいじゃない

#ほどほど育児

2021年8月12日　第1刷発行
2023年8月 4 日　第4刷発行

著者　木下ゆーき

発行者　大山邦興

発行所　株式会社 飛鳥新社
〒101-0003 東京都千代田区一ツ橋2－4－3 光文恒産ビル
電話（営業）03-3263-7770（編集）03-3263-7773
https://www.asukashinsha.co.jp

ブックデザイン　アルビレオ

本文・カバーイラスト　かおりんごむし

印刷・製本　中央精版印刷株式会社

ISBN 978-4-86410-850-8